Impressum // Imprint

Copyright ©2020 Anna Nave
www.annanave.com
www.patreon.com/annaaehm

Herstellung und Verlag:
BoD - Books on Demand, Norderstedt
ISBN 9783751917773

INHALTSWARNUNG

Einige Inhalte dieses Gedichtbandes berühren die Themen Depression, (emotionaler) Missbrauch und Trauma.

// CONTENT WARNING

Some contents of this volume of poetry touch on the topics depression, (emotional) abuse, and trauma.

ANNA NAVE

reflections of *you*

Diese Hände sind meine

nicht deine

nicht leer.

Diese Hände sind gefüllt

mit allem.

mit mir.

Ich halte mich.

//

These hands are mine

not yours

not void.

These hands are filled

with everything.

with me.

I hold myself.

DIE LUFT

Die Luft

klingt anders

zäh

dumpf

erdrückend

zieht sie sich zusammen

und verdichtet sich

Die Welt

wird kleiner

eng

trüb

rauschend

zieht sie sich zusammen

und verschwindet fast

Der Kopf

verschwimmt

verstummt

versinkt

und schwebt

und schwirrt

und schwankt

Die Mitte

verwoben

verwunden

verwundet

und schwer

und schwer

und schwer.

// THE AIR

The air

sounds different

viscous

dull

stifling

it contracts

and densifies

The world

decreases

narrow

dim

whirring

it contracts

and all but disappears

The head

blurs

hushes

crushes

and hovers

and shivers

and wavers

The center

whirled

writhed

wrecked

and heavy

and heavy

and heavy.

LUNGENKOLLAPS

Du hast aufgehört zu atmen

und mit dir

auch ich.

Mein rechter Lungenflügel

wurde aus meinem Körper gerissen.

Wo er war

ist alles aufgeschürft

aufgerauht

ausgeschabt

Dein Herz schlägt nicht mehr.

Mein Herz schlägt nicht mehr

so schnell.

Du hast aufgehört zu atmen.

Und mit dir

auch ich.

Erstickend

höre ich

die Stille.

// LUNG COLLAPSE

You stopped breathing
and with you
I stopped, too.

My right lung
was ripped out of my body.
Where it was

all is scraped
scratched
abraded.

Your heart beats no more.
My heart beats no more
as fast as before.

You stopped breathing
and with you
I stopped, too.

Suffocating

I hear

the silence.

VERBLÄTTERT

Und irgendwie

ist ein Buch

zugeschlagen worden,

einfach so.

Mitten in der Geschichte.

Und irgendwie

sind die Seiten

zerrissen worden,

einfach so.

Und verloren sind die Gedichte.

Und mein Kopf

und mein Herz

und mein Bauch

sind noch dort.

An ihnen schwere Gewichte.

Und der Rest der Welt

ist schon längst fort

doch ich will

keine andre

Geschichte.

// LEAF

And somehow

a book

was shut

just like that

And the story was cut.

And somehow

the pages

were ripped

just like that

And the poems were skipped.

And my head

and my heart

and my home

remain heavily

in the old tome.

And the rest of the world

has proceeded

but a new story

was not

what I needed.

WENIGER

Ich kann nicht verstehen

warum ich noch atme.

Ich kann nicht verstehen

warum ich mich schwerer fühle

obwohl von mir

jetzt weniger da ist.

Ich kann nicht verstehen

wie die Luft mich erreicht

sie ist so leicht

und ich so tief.

Ich kann nicht verstehen

warum ich noch atme.

// LESS

I can't understand

why I still breathe.

I can't understand

why I feel heavier

when there is less

of me now.

I can't understand

how the air reaches me

it is so light

and I so deep.

I can't understand

why I still breathe.

M.K.

Dein Griff, um mich.

Dein Griff, in mir.

Ich spüre noch die Abdrücke.

Dein Spiel, um mich.

Dein Spiel, mit mir.

Ich spüre noch die Angst.

Deine Lüge, um mich.

Deine Lüge, zu mir.

Ich spüre noch die Schuld.

Deine Schuld, um mich.

Deine Schuld, in mir.

Ich spüre noch die Scham.

Mein Licht, um mich.

Mein Licht, in mir.

Du spürst niemals den Glanz.

M.K.

Your grip, enclosing.

Your grip, in me.

I still feel the marks.

Your game, encasing.

Your gamble, for me.

I still feel the fear.

Your lie, encircling.

Your lie, to me.

I still feel the guilt.

Your guilt, enclosing.

Your guilt, in me.

I still feel the shame.

My light, embracing.

My light, in me.

You will never feel the glare.

M.S.

Überheblich
blickst du auf mich
herab.

Das kleine Ding.
Das nicht alleine
laufen kann.

Immer eine Hand
als Stütze
nötig.

Deine Hand
als Stütze
sagst du.

Deine Hand
als Stütze
auf mir.

Deine Hand
als Stütze
für dich.

M.S.

Arrogantly
you look down
on me.

That little thing.
That cannot walk
on its own.

Always in need
of a hand
for support.

Your hand
for support
you say.

Your hand
for support
on me.

Your hand
for support
of you.

trocken

weint

das Meer.

stimmlos

schreit

das Herz.

ungesehen

verweht

der Staub.

//

aridly

weeps

the sea.

voicelessly

screams

the heart.

unseen

dissipates

the dust.

ISOLATION

Es verschluckt mich

schwarze Leere.

Endlos fall ich

in die Schwere.

Schwer um mich

und schwer in mir

seh ich nichts

und niemand hier.

Niemand,

dem ichs sagen darf.

Kalte Klingen,

schwer und scharf.

Niemand,

der es sehen will.

Stumm muss ich sein,

reglos und still.

Niemand

kann lang bei mir sein.

Ich bin verloren

und allein.

Es durchdringt mich

schwarze Leere.

Endlos bleib ich

in der Schwere.

// ISOLATION

Darkness, empty,

swallows me.

Fall into weight

infinitely.

Heaviness

is everywhere.

Can't see a thing

and no one here.

No one

who I could have told.

Blades so sharp

so heavy, cold.

No one

who would want to see.

Silent, still,

I have to be.

No one

who could ever stay

I am alone

and lost my way.

Darkness, empty,

filling me.

Remain in weight

infinitely.

FORT

Fort bin ich,

getrennt vom Leben.

Fort, im Nebel.

Fort, im Schweben.

Fort und allein

und voller Schreck.

Fort bin ich,

und kann nicht weg.

Fort bin ich,

aus aller Welt.

Fort aus dem Körper,

der nichts hält.

Fort aus dem Strom,

und aus den Fluten.

Fort von den Rissen,

die verbluten.

Fort aus dem Ich,

es ist zerbrochen.

Fort und verweht,

unausgesprochen.

// GONE

Gone am I,

in hazy air.

Life is afar,

I float in blur.

Gone am I,

and I'm in fear.

Faint and lonesome,

staying here.

Gone am I,

the world is distant.

Gone from my body,

inconsistent.

Gone from the stream

and from the flood.

Gone from the cracks

pouring out blood.

Gone from my self

in pieces, broken.

Gone, blown away,

remain unspoken.

GEWITTER

Sturm.

Bin ohne Knochen.

Ohne Brustkorb

rast mein Herz.

Wind.

Bin ohne Lunge.

und die Luft bleibt

fest im Hals.

Flut.

Bin ohne Lider.

Ohne Dichtung

rinnt mein Salz.

Hagel.

Bin ohne Haut.

Ohne Hülle.

Ohne Halt.

// TEMPEST

Storm.

I'm without bones.

Without a rib cage.

Racing heart.

Wind.

I'm without lungs.

And the air sticks

in my throat.

Flood.

I'm without lids.

Without a sealing.

Running salt.

Hail.

I'm without skin.

Without a mantle.

Without hold.

VULKAN

Im tiefen Dunkel
unter Mauern und Stein
liegt es vergraben
will sich befreien.

Will nicht mehr warten
will hoch hinaus
will aus den Schatten
will endlich raus.

In dem Tiefdunkel
hinter dichtem Geäst
lodern die Funken
immer noch fest.

Wild und lebendig
und ohne Furcht
den drückenden Stimmen
wird nicht mehr gehorcht.

Aus dem Tiefdunkel

durchs Geäst alter Regeln

und die Mauer aus Angst

die den Durchgang versiegeln.

Will nicht mehr trauern

ist nicht mehr klein

will sich nicht vermauern

wird nun wirklich sein.

Aus dem Tiefdunkel

langsam und stark

erhebt sich das Wesen

das sich so lange verbarg.

// VOLCANO

In the deep dark

beneath walls and hard stone

it is still waiting

buried alone.

It is still breathing

it wants to flee

out of the shadows

up high and free.

In the deep dark

beyond thicket so dense

the sparks are still blazing

bright and intense.

Wild and alive

and without fear

the voices confining

it will no longer hear.

Out of the deep dark

through walls of old terrors

through the maze of old rules

and through adamant barriers.

It wants no more grief

it isn't small

it wants relief

it will exist after all.

Out of the deep dark

slowly and strong

the creature arises

that was hidden so long.

WACH

schwach sein soll ich

still und klein

zart und weich

dezent und fein.

schwach sein wollt ich

leicht und dünn

wenig Raum

und wenig Stimm'.

schwach sein

wie ein kleines Kind

schwach sein

bis ich ganz verschwind.

schwach sein

und dabei ersticken

schwach sein

und mich ganz zerdrücken.

wach sein will ich jetzt

und da

wach sein

laut und wunderbar.

wach sein

groß und wild und bunt

schwach sein

ist zu ungesund.

// WAKE

I should be weak

quiet and dim

I should be small

and soft and slim.

I wished I was

tiny and weak

take up no space

and barely speak.

being weak

in childish fear

being weak

and disappear.

being weak

and suffocate

being weak

disintegrate.

I want to be

awake and tall

awake and loud

and wonderful.

I'll be awake

wild and unique

it's too unhealthy

to be weak.

HIER

Ich war nicht böse.

Ich war nicht schuld.

War bisher leise.

Weil ihr das wollt.

Ihr seid nicht stärker,

weil jemand anders euch trägt.

Ihr seid auch nicht größer,

weil ihr auf jemandem steht.

Ich bin nicht böse.

Ihr habt die Schuld.

Bin nicht mehr leise.

Auch wenn ihr das wollt.

Ich war immer größer

und stärker als ihr.

Ich bin nicht zerstört

und bin immer noch hier.

// HERE

I was never evil
and never to blame
you wanted me silent
and kept me in shame.

You are not stronger
because you're carried by others.
Nor are you bigger
because you stand on their shoulders.

I am not evil
you are to blame
I'm no longer silent
no longer in shame.

I'm bigger, I'm stronger
than you ever will
You didn't destroy me
and I am here still.

DUNKELGRAU

Ich bin abgelenkt

wie ein Lichtstrahl

und zerbrochen

in einzelne Farben.

Ich bin grau geworden.

Die alten Farben

vermischt

verwischt

Ich bin versteckt.

Meine Dunkelheit

vertraut

und schwer.

Ich will vergessen

die alten Farben

neue mischen

kann ich das?

// DARK GRAY

I am diverted

like a beam of light

and broken

into separate colors.

I turned gray.

The old colors

blended

blurred

I am hidden.

My darkness

familiar

and heavy.

I want to forget

the old colors

mix new ones

can I?

KRIEGERIN

Ich

atme

heute

ein wenig

Luft

auf dieser Lichtung

schwarz

graues

Dunkel

Dornen

Geäst

Ich

glaubte mich

verloren

tief

Ich

atme

heute

ein wenig

Lust

in meine Lungen

klar

kühles

Flackern

nüchtern

Ich

kämpfe

weiter;

WARRIOR

I

breathe

today

a little

air

on this glade

black

grey

darkness

thorns

thicket

I

thought myself

lost

deep

I

breathe

today

a little

dare

in my lungs

clear

cool

flicker

sober

I

fight

on;

GEIST

Du wurdest ein Geist

Eine Erinnerung

Ein Wunsch

Deine Freundschaft

ist nicht

wie meine

Deine Liebe wurde Stille

Eine Frage

Ein Zweifel

Dein Zuhause in mir

Ein Leerstand

ungewiss

// GHOST

You turned into a ghost

A memory

A wish

Your friendship

is not the same

as mine

Your love turned into silence

A question

A doubt

Your home in me

A vacancy

uncertain

BLATT

Ich kann dich sehen

von hier

wie du dem Wind trotzt

der bei dir fegt.

Ich kann dich spüren

von hier

wie deine Blätter zittern

weil eines fehlt.

Ich kann nicht rüber

zu dir

und deine Schmerzen lindern

weil das nicht geht.

Bin mit dem Herzen

bei dir

wie du im Sturm dich windest

bis er sich legt.

// PETAL

I can see you

from here

as you're defying the wind

that is blasting around you.

I can feel you

from here

as your petals are shivering

after one of them left you.

I can't get there

to you

and try to ease all your pain

as the pain can't be easy.

In my heart

I'm with you

as you wind in the storm

until it subsides.

EMPATH

Es ist nicht mein Schmerz,
der mir meinen Herzschlag
in den Hals drängt,
sondern deiner.

Es ist dein Puls,
der mir Rauschen
in den Kopf treibt
und nicht meiner.

Es wird dein Leid,
das mir die Atmung
aus der Brust drückt,
auch zu meinem.

Es ist mein Herz,
das in mir schlägt,
aber hilflos
auch bei deinem.

// EMPATH

The ache shoving up

my heartbeat to my throat

comes not from me

but out of you.

The pulse driving up

the whirring to my head

it isn't mine,

it is yours, too.

Your sorrow pressing out

air from my chest

turns into mine,

it all seeps through.

My heart is mine

it beats in me

but helplessly

beside yours, too.

SPIEGEL

Wenn du weinst

fließt du

aus meinen Augen

machst sie rot.

Deine Trauer

erkenne ich

von mir.

Wenn du blutest

strömst du

durch meine Lippen

machst sie rot.

Deine Wunde

fühle ich

in mir.

Wenn du lachst

strahlst du

in meine Mitte

Sonnenflut.

Kommt denn auch

so ein Licht tief

aus mir?

// MIRROR

When you cry

you flow

from my eyes

make them red.

I can feel

all your grief

sleep in me.

When you bleed

you stream

through my lips

make them red.

I can see

all your wounds

weep in me.

When you laugh

you shine

in my core

sunlight spread.

Could there be

such a glow

deep in me?

MEHR

Berühre

mehr

von mir

Mein Herz

Meine Hand

Meine Haut

Verführe

mich

zu dir

Deine Hand

greift mein Herz

ohne Laut

Ich spüre

dich

in mir

wie mein Herz,

Körper, Kopf

dir vertraut.

// MORE

Touch

me

more

my pulse

my palms

every pore

reach

lure me

nigh

your hand

grip my heart

quiet sigh

I feel

you

inside

as my heart,

body, mind

confide.

Danke // Thanks

Faith Muthiani

www.annanave.com